目 录

一、如何衡量一个国家的整体经济　　1

二、银行是经营货币的企业　　7

三、政府在经济中扮演着重要角色　　13

四、国际贸易也会影响一国的经济　　21

五、我们的经济正日益全球化　　28

一、如何衡量一个国家的整体经济

 写作

❶ 使用下面的词汇写一两段话,解释经济学家是如何衡量一个国家的经济状况的。

> 国内生产总值(GDP)　通货膨胀　实际 GDP
> 消费者物价指数(CPI)　生产者物价指数(PPI)

❷ 使用下面的词汇写一两段话,解释什么是经济波动,以及如何预测经济波动。

> 经济波动　经济周期　繁荣　衰退　萧条　复苏
> 经济指标　先行指标　同步指标　滞后指标

 **选择填空**

a. 统计数据　b. 类别　c. 产品　d. 产能　e. 预测

❶ 工厂生产的东西被称为_____。

❷ 如果一家工厂能生产多少就生产多少，它就完成了_____目标。

❸ 经济学家使用_____来衡量国家经济状况。

❹ 计算 GDP 时，消费领域是需要考虑的一个_____。

❺ 经济学家试图通过分析经济指标来_____经济变化。

 **回答问题**

❶ CPI 和 PPI 衡量的内容有哪些区别？

❷ 通货膨胀和通货紧缩的区别有哪些？失业的四种类型分别是什么？

❸ 经济周期的四个阶段是什么?

❹ 经济繁荣时会发生什么?经济萧条时会发生什么?

❺ 先行指标、同步指标、滞后指标之间的区别是什么?

 批判性思考

❶ 计算 GDP 时,什么是重复计算?经济学家是如何避免重复计算的?

❷ 比较某一年的 GDP 相对于上一年增长了多少时,为什么使用实际 GDP 比使用名义 GDP 更准确?

❸ 举例说明为什么监测 PPI 可以预测 CPI 的变化。

❹ 为什么不能将充分就业理解为"零失业率"?

❶ 选择 6 种你经常购买的商品,列出每种商品的价格。向一位成年人询问 10 年前这些商品的大概价格。写一段文

字描述通货膨胀或者通货紧缩是如何影响这些商品现在的价格的。

❷ 浏览报纸、网页或商业杂志，列出你看到的所有显示物价总水平上升或下降的线索。写一段文字说明你认为当前的经济属于通货膨胀还是通货紧缩。

经济学中的数学

假设 A 国 2021 年名义 GDP 为 1000 亿元，2022 年名义 GDP 为 1100 亿元，使用 2021 年物价水平计算的 2022 年 GDP 为 1050 亿元。计算 2022 年的实际 GDP 增长率。

 **情景分析**

想象以下场景,一位员工在和老板对话。

> 甲:今年房价上涨了 30%,汽油价格上涨了 20%!
> 乙:有问题吗?
> 甲:为什么我的工资只上涨了 5%?
> 乙:因为要控制通货膨胀啊!

❶ 该场景展示了什么经济问题?

❷ 你同意老板不给员工涨工资的理由吗?为什么?

❸ 你认为这一经济问题会对员工的生活产生哪些影响?

二、银行是经营货币的企业

 写作

使用下面的词汇写一两段话,解释货币的发展过程。

| 货币　物物交换　实物货币　金属货币　纸币　硬币 |

 选择填空

a. 表明　b. 携带　c. 兑换　d. 发行　e. 不同　f. 包括

❶ 硬币可以装在口袋或钱包中,＿＿＿＿方便,因此适合作为交换媒介。

❷ 银行不再需要将纸币＿＿＿＿成硬币或金条,因为纸币是法律规定的一种可以流通的货币。

❸ 硬币或纸币上的面额标记_____了其在这个国家的价值。

❹ 不同国家硬币的大小或形状可能_____。

❺ 一个国家不能随意_____货币，它需要有价值的东西来支撑，否则就一文不值。

❻ 财富_____货币、储蓄存款和一些其他投资。

 回答问题

❶ 物物交换与使用货币的交换有什么区别？

❷ 除了耐用和可分外，货币还有哪些特征？

❸ 储蓄卡和信用卡有哪些共同点？又有哪些区别？

 **批判性思考**

❶ 为什么储蓄卡和货币类似,而信用卡不是?

❷ 有的国家正在考虑停止生产和使用硬币。你认为应该停产硬币吗?为什么?

❸ 通货膨胀是如何影响货币的贮藏手段职能的?

学以致用

❶ 假设你生活在一个物物交换的社会。你想用什么物品去交换其他物品?为什么说用货币交换比物物交换更方便?

❷ 货币有流通手段、价值尺度和贮藏手段等职能。使用表格记录你见到的货币使用情况,你可以观察货币的使用过程,观察某些地方标明的商品价格。这样坚持几天,看看每一种情况涉及了货币的哪种职能。例如,如果你看到一篇文章的标题是"某公司销售额增加到了100亿元",在这里货币被用作价值尺度。

❸ 选择三家银行，拿到每家银行关于信用卡或储蓄卡的小册子。列出每家银行各项服务的收费。比较一下哪家银行的收费最低？

 情景分析

想象以下场景，一位大学生在使用电脑，另一位大学生站在一边跟他说话。

> 甲：你在填写什么表格啊？
> 乙：我在申请一张信用卡。
> 甲：确定你真的需要信用卡吗？
> 乙：是的，因为我的生活费经常不够用。
> 甲：通过信用卡借的钱是要尽快归还的，如果不按时归还，不光会影响你的信用，银行还会收取高昂的费用，一定要想好了哟！
> 乙：有道理，我再考虑考虑！

❶ 乙申请信用卡的理由是什么?

❷ 乙能通过信用卡解决他生活费不够的问题吗?

❸ 不按时归还信用卡的欠款会有什么后果?

三、政府在经济中扮演着重要角色

写作

① 使用下面的词汇写一两段话,解释政府是如何参与经济活动的。

> 公共物品　预算赤字　国债　预算盈余

② 使用下面的词汇写一两段话,解释政府是如何对宏观经济进行调控的。

> 宏观经济　财政政策　扩张性财政政策　紧缩性财政政策
> 中央银行　货币政策　扩张性货币政策　紧缩性货币政策

 选择填空

> a. 资深的   b. 超出   c. 适应   d. 保留   e. 干预   f. 收缩
> g. 分配   h. 职能

1. 国家预算是在政府机构之间_____支出的金额。
2. 紧急支出常常会使政府_____预算。
3. 政府机构需要_____其支出记录,这有助于下一年度制定预算。
4. 政府可以采用不同的方式_____经济。
5. 中央银行的_____之一是制定货币政策。
6. 如果中央银行提高存贷款利率,经济活动会_____。
7. 大部分国家的中央银行行长都是_____经济学家。
8. 一国经济可以_____渐进的、可预测的通货膨胀。

回答问题

1. 政府的经济职能有哪些?

❷ 你知道有哪些公共物品?

❸ 产生政府债务的原因是什么?

❹ 举例说明什么是扩张性财政政策和紧缩性财政政策。

❺ 举例说明什么是扩张性货币政策和紧缩性货币政策。

❻ 凯恩斯认为为了减少失业，政府可以怎么做？

❼ 为了减少失业，中央银行可以怎么做？

❽ 用来刺激经济的财政政策有哪些？用来刺激经济的货币政策有哪些？

 批判性思考

❶ 你认为政府应该更多地干预经济，还是更少地干预经济？为什么？

❷ 政府减少货币供应量以缓解通货膨胀时，失业率会发生什么变化？为什么？

学以致用

❶ 你上的是公立学校还是私立学校？想一下，你的哪些小伙伴上的是公立学校？哪些小伙伴上的是私立学校？向小伙伴们了解他们学校的情况，总结公立学校和私立学校的区别。

❷ 政府可以通过削减支出、增加税收来减少赤字。如果你是政府的经济顾问，你会建议削减哪些项目的支出？或者增加哪些项目的税收？为什么？

❸ 找一篇关于政府政策如何影响经济的文章，带到班里和同学们分享。写一段话说明你是否同意这项政策，为什么？

❹ 石油价格会对经济活动产生巨大影响，石油是生产汽油的原材料。利用互联网，研究一下你所在地区过去几年石油的平均价格，回答下面的问题。

a. 除了用来生产汽油，石油还有哪些用途？

b. 石油价格上涨对你家有什么影响?

c. 哪些行业的企业会明显受到石油价格波动的影响?

经济学中的数学

很多国家的个人所得税是累进制计算的。这意味着你赚得越多,你纳税的比率就越高。根据下面的税率表,不考虑其他因素,回答后面的问题。

月收入下限(元)	月收入上限(元)	累进税率
0	5000	0%
5000	8000	3%
8000	17000	10%
17000	30000	20%
30000	40000	25%

40000	60000	30%
60000	85000	35%
85000	无上限	45%

❶ 一个人可能支付的税率范围是多少？

❷ 如果小金的月收入是 5000 元，他每月要交多少税？

❸ 如果小雷的月收入是 9000 元，他每月要交多少税？

❹ 如果小乔的月收入是 18000 元，他每月要交多少税？

四、国际贸易也会影响一国的经济

 **写作**

使用下面的词汇写一两段话,描述一下你理解的国际贸易。

| 进口　出口　专业化　固定汇率　浮动汇率　贬值 |
| 贸易差额　关税　配额　贸易保护主义者　欧盟(EU) |
| 世界贸易组织(WTO)　北美自由贸易协定(NAFTA) |

 **选择填空**

a. 引发　b. 海外　c. 影响　d. 好处　e. 限制　f. 坚信

❶ 配额意味着_____某种商品的进口量。

21

❷ 选择贸易自由还是贸易保护主义的问题在许多国家_____激烈的讨论。

❸ 一国货币的汇率会_____其贸易差额。

❹ 出口就是把东西卖给_____的消费者。

❺ 商业竞争可以为消费者带来高性价比的产品，这是自由贸易的一个_____。

❻ 贸易保护主义者_____：限制进口可以使本国企业免受外国企业的竞争压力。

回答问题

❶ 在国际贸易中，一个国家能从哪些方面受益？

❷ "中国每小时生产的手机数量比世界上其他任何一个国家都要多"，这是绝对优势还是比较优势？

❸ 进口和出口的区别是什么?

❹ 一个国家如何从专业化中受益?

❺ 一个国家的货币贬值,意味着什么?

❻ 汇率如何影响贸易差额?

❼ 贸易逆差是如何形成的?

❽ 对一个国家货币的需求量下降会引起该国货币升值还是贬值?

❾ 限制进口的方式有哪些?

❿ 收入性关税和保护性关税的区别是什么?

⑪ 支持自由贸易和反对自由贸易的理由都有哪些?

 批判性思考

❶ 为什么两个国家能从彼此的贸易中受益?

❷ 你支持自由贸易？还是支持贸易保护主义？还是两者兼而有之？为什么？

❸ 如果人民币相对于其他货币贬值，你认为中国的出口会受到什么影响？

 **学以致用**

❶ 列出你在班里具有比较优势的几个方面。描述一下你和你的同学如何利用自己的比较优势，并通过合作获得更多的快乐和满足感。

❷ 你最想去旅游的国家有哪些？利用互联网查找当前你所在国家的货币和你想去旅游的这些国家的货币汇率是多少。

❸ 列出你家拥有的几件国外生产的东西，它们都是在哪些国家生产的？各花了多少钱？如果这些东西在你的国家生产，你认为它们的价格会更便宜还是更贵？为什么？

❹ 国际贸易对大多数人的生活都有影响。为了理解国际贸易如何影响你的生活,请想象一下如果没有国际贸易,你的生活会是什么样子。你可以列一份清单,列出如果没有国际贸易,你就买不到哪些产品,或者如果没有国际贸易,哪些产品的价格会大幅上涨。用类似下面的表格记录你的想法,然后写一段话描述国际贸易对你生活的影响。

产品	变化

五、我们的经济正日益全球化

 写作

使用下面的词汇写一两段话,解释经济全球化。

> 经济全球化　通信技术　跨国公司

 选择填空

> a. 转变　b. 传播　c. 恢复　d. 相同　e. 合理　f. 种族

① 全球传播能将传统社会_____为更加现代化的社会。

② 外资企业的盈利动机与本国企业_____。

③ 全球化的结果之一是人们需要学会更加包容不同的文化、_____和宗教信仰。

④ 人们可以利用卫星通信和互联网向世界各地即时_____

信息。

❺ 谨慎对待外国投资的建议是 _____ 的，但不应阻止本国经济全球化。

❻ 股市大幅下跌后，可能需要几个月或几年的时间才能 _____。

回答问题

❶ 通信技术的进步为什么会推动经济全球化？

❷ 哪些国家的跨国公司数量较多？

❸ 经济全球化给股票投资者带来了哪些好处？

❹ 经济全球化可能会给一国经济带来哪些好处?

❺ 跨国公司有哪些优势和劣势?

 批判性思考

❶ 为什么很多国家政府会要求跨国公司与当地公司成立合资企业?

❷ 为什么有些经济学家会支持国家间形成经济联盟?

🪙 学以致用

❶ 列出你见过的一项重要发明。然后请家长告诉你他们见过的一项重要发明。比较这两个发明,总结这些发明对近些年的经济和人们生活的影响。

❷ 选择你最看好的五家跨国公司。使用互联网查找每家公司的总部地点,它们在哪些国家有工厂或分支机构,都生产过哪些产品。制作一张图表列出这些信息。